Test de preparació per a la prova d'accés a cicles formatius de grau superior (CFGS)

Biologia

Mai abandonis, aconseguiràs la teva meta si només tu decideixes aconseguir-la.

Índex

TEST

I

1- A què ens referim quan diem que algú té el grup sanguini B?

a) Al seu genotip

b) Al seu fenotip

2- Els antibiòtics curen les infeccions víriques?

a) Sí, els antibiòtics eliminen els virus

b) No, els antibiòtics només eliminen els bacteris

3- Tret que podem observar en les persones mitjançant el seu comportament o la seva característica física:

a) Genotip

b) Fenotip

4- A quin regne pertanyen els organismes unicel·lulars o procariotes que manquen de nucli definit?

a) Regne protist

b) Regne monera

c) Regne dels fongs

5- Es tracta del codi genètic que tenen les cèl·lules d'un organisme:

a) Genotip

b) Fenotip

6- Quina cèl·lula té paret cel·lular?

a) Cèl·lula vegetal

b) Cèl·lula animal

7- A quin regne pertanyen els organismes pluricel·lulars, autòtrofs les cèl·lules dels quals es troben envoltades d'una paret cel·lular de cel·lulosa?

a) Regne monera

b) Regne vegetal

c) Regne protist

8- En immunologia, què és la resposta cel·lular?

a) La immunitat basada en l'acció directa de cèl·lules

b) La immunitat basada en la producció de substàncies per part del sistema immunitari

c) La molècula no reconeguda per l'organisme

9- Les plantes són organismes productors perquè es fabriquen el seu propi aliment:

a) Veritable

b) Fals

10- Quina és la funció del lisosoma?

a) Fotosíntesi

b) Digestió

c) Síntesi de proteïnes

Respostes I

4

1- b

2- b

3- b

4- b

5- a

6- a

7- b

8- a

9- a

10- b

II

5

1- Quina és la primera cèl·lula del sistema immunitari en reconèixer antígens?

a) Limfòcits

b) Macròfags

c) Leucòcits

2- Els consumidors primaris només mengen carn:

a) Veritable

b) Fals

3- Quin nom rep el virus que afecta exclusivament als bacteris?

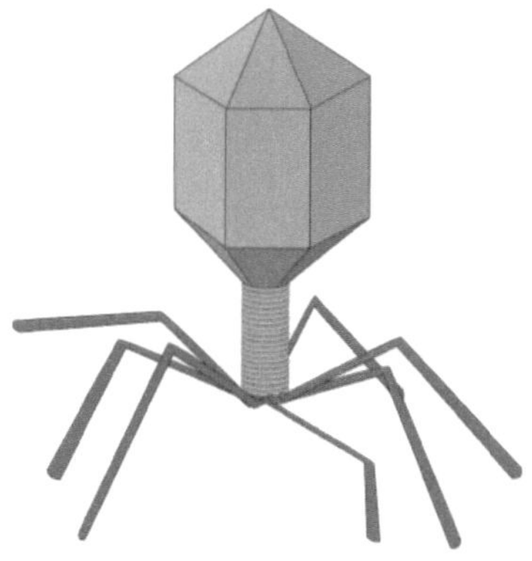

a) Bacterià

b) Bacteriòfag

c) Bacterífag

4- Quina cèl·lula té cloroplastos?

a) Cèl·lula animal

b) Cèl·lula vegetal

5- Les cèl·lules procariotes no tenen membrana nuclear:

a) Veritable

b) Fals

6- Quin microorganisme causa la malaltia de la sida?

a) Fong

b) Bacteri

c) Virus

7- Els consumidors primaris només mengen vegetals:

a) Veritable

b) Fals

8- Quina cèl·lula del sistema immunitari fabrica els anticossos?

a) Limfòcits T

b) Leucòcits

c) Limfòcits B

9- Els bacteris tenen mitocondris:

a) Veritable

b) Fals

10- Quin tipus de procés és la fotosíntesi?

a) Anabòlic

b) Catabòlic

Respostes II

1- b

2- b

3- b

4- b

5- a

6- c

7- a

8- c

9- b

10- a

III

1- Hi ha bacteris que són beneficiosos:

a) Veritable

b) Fals

2- Els fongs i els bacteris són organismes descomponedors:

a) Veritable

b) Fals

3- Quina és la funció del cloroplast?

a) Fotosíntesi

b) Digestió

c) Síntesi de proteïnes

4- Quin nom rep els monòmers que formen les proteïnes?

a) Àcids

b) Aminoàcids

c) Ambdues són correctes

5- Quin cicle biològic tenen la majoria de les algues?

a) Diploide

b) Haploide

c) Haplodiploide

Observa el dibuix i respon les preguntes:

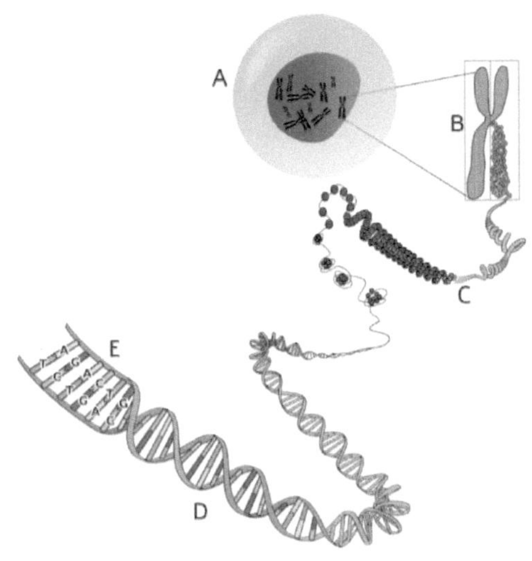

6- A què correspon la casella A?

a) Cèl·lula

b) DNA

c) Gen

d) Cromosoma

e) Cromatina

f) Gen

7- A què correspon la casella B?

a) Cèl·lula

b) DNA

c) Gen

d) Cromosoma

e) Cromatina

8- A què correspon la casella C?

a) Cèl·lula

b) DNA

c) Gen

d) Cromosoma

e) Cromatina

9- A què correspon la casella D?

a) Cèl·lula

b) DNA

c) Gen

d) Cromosoma

e) Cromatina

10- A què correspon la casella E?

a) Cèl·lula

b) DNA

c) Gen

d) Cromosoma

e) Cromatina

Respostes III

14

1- a

2- a

3- a

4- b

5- b

6- a

7- d

8- e

9- c

10- b

IV

15...

1- Quants nivells té l'estructura de les proteïnes?

a) 3; estructura primària, secundària i terciària.

b) 2; estructura primària i secundària

c) 4; estructura primària, secundària, terciària i quaternària

2- Quantes fases té la fotosíntesi?

a) Una, lluminosa

b) Dues, lluminosa i fosca

3- Quines són les majoritàries bases nitrogenades que es troben en l'ADN?

a) Adenina i Citosina

b) Guanina i Timina

c) Ambdues són correctes

4- Quina és la funció del ribosoma?

a) Fotosíntesi

b) Respiració

c) Síntesi de proteïnes

5- En el cicle cel·lular, en quina fase la cèl·lula viu, creix i es prepara per a reproduir-se?

a) Profase

b) Interfase

c) Fase mitònica

6- De quin regne són els organismes pluricel·lulars descomponedors?

a) Regne animal

b) Regne monera

c) Regne dels fongs

7- Per què vies pot transmetre's el virus d'immunodeficiència humana (VIH)?

a) Via sanguínia i via sexual

b) Via parental

c) Totes les opcions són correctes

8- Què és l'ADN?

a) Una cèl·lula

b) Una molècula

c) Un microorganisme

9- En quina estructura de les proteïnes, els aminoàcids en la seqüència interactuen a través d'enllaços d'hidrogen?

a) Estructura primària

b) Estructura secundària

c) Estructura terciària

d) Estructura quaternària

10- El vacúol és un orgànul que:

a) Es troba tant en cèl·lules animals com vegetals

b) Ambdues són correctes

c) Emmagatzema nutrients i productes de deixalla

Respostes IV

1- c

2- b

3- c

4- c

5- b

6- c

7- c

8- b

9- b

10- b

V

Observa els següents organismes:

1- Quin organisme és un consumidor primari?

a) Bolet

b) Lleó

c) Cactus

d) Conill

2- Quin organisme és un consumidor secundari?

a) Bolet

b) Lleó

c) Cactus

d) Conill

3- Quin organisme és un productor?

a) Bolet

b) Lleó

c) Cactus

d) Conill

4- Quin organisme és un descomponedor?

a) Bolet

b) Lleó

c) Cactus

d) Conill

5- Amb quin nom es coneix el tipus de nutrició autòtrofa que obté matèria orgànica a partir de matèria inorgànica?

a) Quimiosíntesis

b) Fotosíntesi

6- En quina cèl·lula, el seu ADN no està confinat a l'interior d'un nucli sinó en el citoplasma?

a) Cèl·lula eucariota

b) Cèl·lula procariota

7- Quin dels següents conceptes pot conèixer-se observant l'aparença externa d'un organisme?

a) Genotip

b) Fenotip

8- Quina funció té l'orgànul cel·lular anomenat citoplasma?

a) Síntesi de proteïnes

b) Digestió cel·lular

c) Ciclosis

9- L'ADN es troba en les cèl·lules de l'ésser viu. On es troba si la cèl·lula és procariota?

a) En el nucli

b) En el citoplasma

10- Quin nom reben els monòmers que formen els àcids nucleics (ADN i ARN)?

a) Monòtids

b) Nucleòtids

c) Ambdues són correctes

Respostes V

1- d

2- b

3- c

4- a

5- a

6- b

7- b

8- c

9- b

10- b

VI

Observa el següent virus bacteriòfag i respon a les preguntes

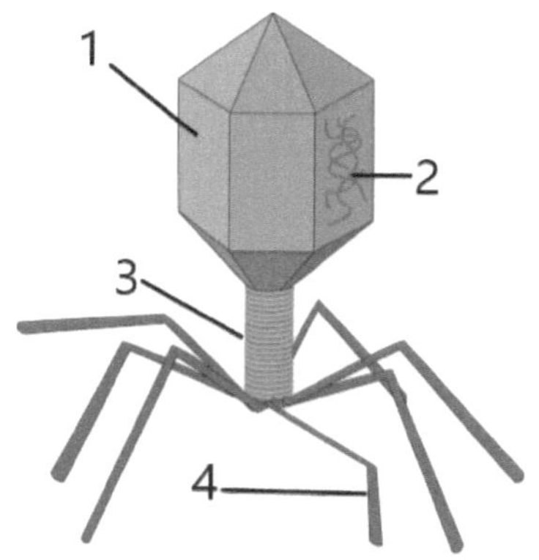

1- On es troba la càpsida?

a) 1

b) 2

c) 3

d) 4

2- On es troba la beina?

a) 1

b) 2

a) 3

b) 4

3- On es troba les fibres de la cua?

a) 1

b) 2

c) 3

d) 4

4- On es troba l'ADN?

a) 1

b) 2

c) 3

d) 4

5- En el cicle cel·lular, en quina fase es duplica el DNA?

a) Fase G1

b) Fase S

c) Fase G2

6- Com es denominen els organismes que poden produir el seu propi aliment?

a) Heteròtrofs

b) Autòtrofs

7- Quins microorganismes són els causants de les malalties?

a) Bacteris i virus

b) Bacteris, virus i protozous

c) Bacteri, virus, protozous i fongs

8- Quina és la funció dels mitocondris?

a) La fotosíntesi

b) La respiració cel·lular

c) Cap és correcta

9- Quina és la funció del cloroplast?

a) La fotosíntesi

b) La respiració cel·lular

c) Cap és correcta

10- Quantes fases té la mitosi?

a) Tres; profase, metafase i anafase

b) Dues; profase i metafase

c) Quatre; profase, metafase, anafase i telofase

Respostes VI

28

1- a

2- c

3- d

4- b

5- b

6- b

7- c

8- b

9- a

10- c

VII

1- Què és un antibiòtic?

a) Substància química produïda per un ésser viu que mata a bacteris

b) Derivat sintètic que mata a bacteris

c) Ambdues són correctes

2- Quin nom reben les cèl·lules que tenen un nombre doble de cromosomes?

a) Cèl·lules diploides

b) Cèl·lules haploides

3- Els animals són organismes heteròtrofs:

a) Veritable

b) Fals

4- Quin tipus de cèl·lules tenen els organismes del regne de les moneres?

a) Procariotes

b) Eucariotes

5- Quin microorganisme causa la malaltia de la tinya?

a) Fong

b) Protozou

c) Bacteri

6- Quina funció tenen els punts de control del cicle cel·lular?

a) Verifiquen que la mesura de les cèl·lules siguin correctes

b) Verifiquen que les estructures cel·lulars estiguin ben formades

c) Ambdues són correctes

7- La cèl·lules eucariotes es divideixen en cèl·lules vegetals i animals, quina nutrició té la cèl·lula animal?

a) Nutrició autòtrofa

b) Nutrició heteròtrofa

Mitosi Cel·lular

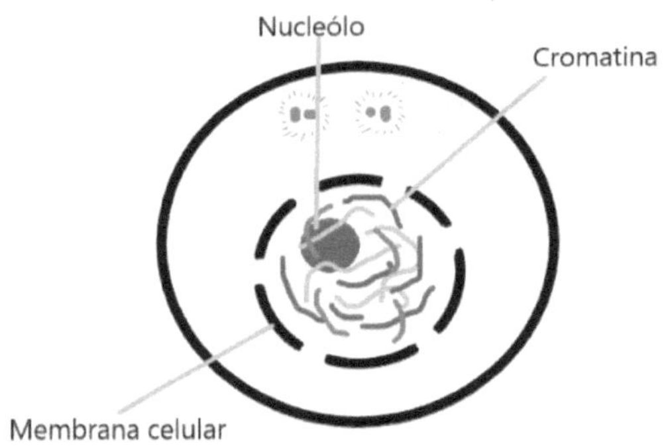

8- Durant aquesta fase de la mitosi, la membrana cel·lular i el nuclèol es distingeixen i els cromosomes es troben en forma de cromatina. En quina fase ens trobem?

a) Interfase

b) Profase

c) Metafase

d) Anafase

9- Quantes cèl·lules tenen els bacteris?

a) 1

b) 2

c) +1

10- L'ADN es troba en les cèl·lules de l'ésser viu. On es troba si la cèl·lula és eucariota?

a) En el nucli

b) En el citoplasma

Respostes VII

33

1- c

2- a

3- a

4- a

5- a

6- c

7- b

8- a

9- a

10- a

VIII

1- Com es denominen els canvis produïts en el material genètic d'una cèl·lula?

a) Poliformisme

b) Mutació

c) Evolució

2- Quina és la funció dels mitocondris?

a) La fotosíntesi

b) La respiració cel·lular

c) Cap és correcta

3- Quin microorganisme causa la malaltia del còlera o el botulisme?

a) Fong

b) Protozou

c) Bacteri

Cicle Cel·lular

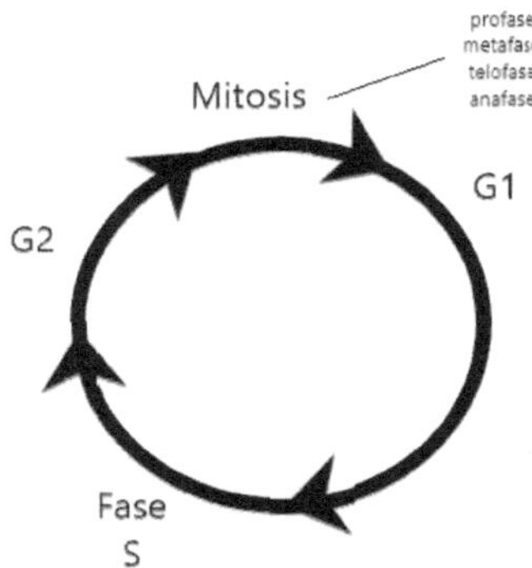

4- Quina etapa és responsable del creixement de la cèl·lula?

a) G1

b) G2

c) Fase S

5- En quina etapa es duplica el material genètic?

a) G1

b) G2

c) Fase S

6- En quina etapa es prepara la cèl·lula per a dividir-se?

a) G1

b) G2

c) Fase S

7- Quan un organisme obté l'energia mitjançant reaccions químiques es diu que és:

a) Fotosintètic

b) Quimiosintètic

8- Quin orgànul cel·lular conté el material genètic?

a) Nucli

b) Mitocondri

c) Cloroplast

9- La immunitat adquirida pot ser activa o passiva, quina és l'adquirida mitjançant una malaltia determinada?

a) Immunitat activa

b) Immunitat passiva

10- La cèl·lula eucariota té el material genètic envoltat d'una membrana nuclear:

a) Veritable

b) Fals

Respostes VIII

1- b

2- b

3- c

4- a

5- c

6- b

7- b

8- a

9- a

10- a

IX

Estructura del virus de l'hepatitis C:

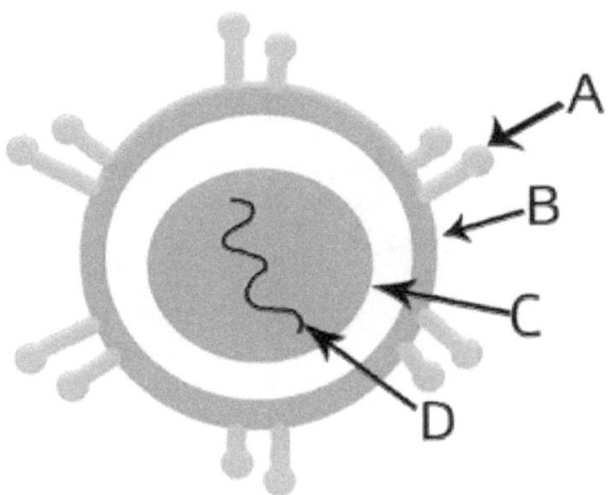

1- Quin nom rep la part A de l'estructura del virus de l'hepatitis C?

a) Àcid nucleic

b) Càpsida

c) Embolcall

d) Proteïnes víriques

2- Quin nom rep la part B de l'estructura del virus de l'hepatitis C?

a) Àcid nucleic

b) Càpsida

c) Embolcall

d) Proteïnes víriques

3- Quin nom rep la part C de l'estructura del virus de l'hepatitis C?

a) Àcid nucleic

b) Càpsida

c) Embolcall

d) Proteïnes víriques

4- Quin nom rep la part D de l'estructura del virus de l'hepatitis C?

a) Àcid nucleic

b) Càpsida

c) Embolcall

d) Proteïnes víriques

5- Els gàmetes són les cèl·lules sexuals haploides dels organismes pluricel·lulars, mitjançant quin tipus de divisió cel·lular s'obtenen?

a) Mitjançant la mitosi

b) Mitjançant la meiosi

6- Quines biomolècules emmagatzemen l'energia i són conegudes com a greixos o olis?

a) Àcids nucleics

b) Lípids

c) Proteïnes

7- Quin nom reben les cèl·lules que tenen un sol nombre de cromosomes?

a) Cèl·lules diploides

b) Cèl·lules haploides

8- Quin nom rep el grup de biomolècules que aporten energia als éssers vius?

a) Glúcids

b) Carbohidrats

c) Ambdues són correctes

9- Quin nom rep la molècula que no és reconeguda per l'organisme que provoca que apareguin altres molècules per a lluitar contra ella?

a) Anticòs

b) Antigen

c) Limfòcit

10- Per quants nucleòtids està format l'ADN?

a) 3, Adenina (A), guanina (G) i citosina (C)

b) 4, Adenina (A), guanina (G), citosina (C) i timina (T)

c) 2, Adenina (A) i Timina (T)

Respostes IX

43

1- c

2- d

3- b

4- a

5- b

6- b

7- b

8- c

9- b

10- b

X

Observa la imatge que figura a continuació:

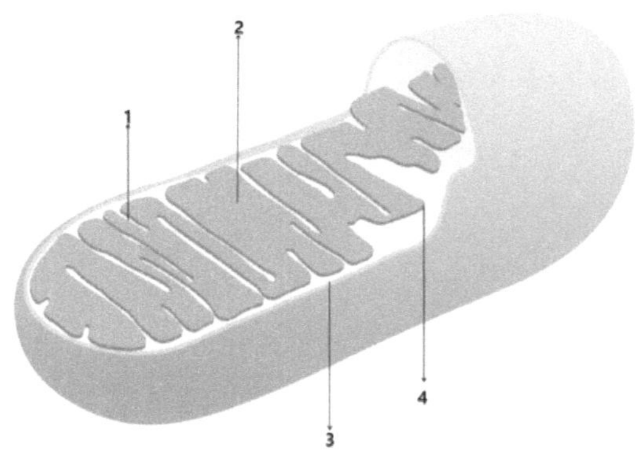

1- Quina classe d'orgànul és el de la figura anterior?

a) Lisosoma

b) Mitocondri

c) Ribosoma

2- On es troba la matriu mitocondrial?

a) 1

b) 2

c) 3

d) 4

3- On es troba la membrana interna?

a) 1

b) 2

c) 3

d) 4

4- On es troben les crestes mitocondrials?

a) 1

b) 2

c) 3

d) 4

5- On es troba la membrana externa?

a) 1

b) 2

c) 3

d) 4

6- A quin regne pertany el pi?

a) Metazous

b) Moneres

c) Metafitas

7- Quin dels següents conceptes es pot distingir observant l'ADN?

a) Genotip

b) Fenotip

8- En quins orgànuls es realitza la fotosíntesi?

a) Cloroplastos

b) Mitocondri

c) Nucli

9- Una mutació genera canvis en el _________ d'un individu i genera alteracions en la seva ________:

a) Fenotip, genotip

b) Cariotip, fenotip

c) Genotip, fenotip

10- Quines biomolècules contenen la informació genètica?

a) Glúcids

b) Àcids nucleics

c) Lípids

Respostes X

48

1- b

2- b

3- d

4- a

5- c

6- c

7- a

8- a

9- c

10- b

XI

Observa la següent cèl·lula i respon a les preguntes

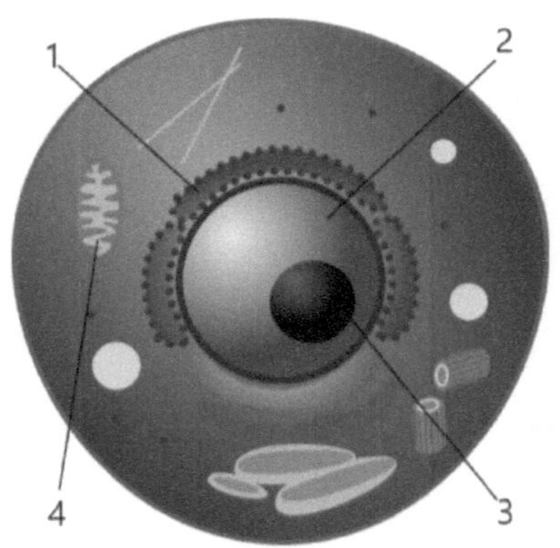

1- On es troba el nucli de la cèl·lula?

a) 1

b) 2

c) 3

d) 4

2- On es troba el nuclèol de la cèl·lula?

a) 1

b) 2

c) 3

d) 4

3- On es troba el mitocondri de la cèl·lula?

a) 1

b) 2

c) 3

d) 4

4- On es troba el reticle endoplasmàtic rugós de la cèl·lula?

a) 1

b) 2

c) 3

d) 4

5- Quina funció té l'orgànul cel·lular anomenat lisosoma?

a) Síntesi de proteïnes

b) Digestió cel·lular

c) Ciclosis

6- En quina fase del cicle cel·lular es duplica l'ADN?

a) G1

b) S

c) G2

7- Quina de les següents respostes no es correspon amb el procés de l'anabolisme?

a) Degrada biomolècules

b) Consumeix energia

c) Les seves rutes són divergents

8- La immunitat adquirida pot ser activa o passiva, quina és l'adquirida a través d'anticossos materns durant la gestació o lactància o mitjançant seroteràpia?

a) Immunitat activa

b) Immunitat passiva

9- La cèl·lules eucariotes es divideixen en cèl·lules vegetals i animals, quina nutrició té la cèl·lula vegetal?

a) Nutrició autòtrofa

b) Nutrició heteròtrofa

10- Quines estructures podem trobar en les cèl·lules vegetals?

a) Cloroplastos

b) Mitocondris

c) Ambdues són correctes

Respostes XI

53

1- b

2- c

3- d

4- a

5- b

6- b

7- a

8- b

9- a

10- c

XII

Mitosi Cel·lular

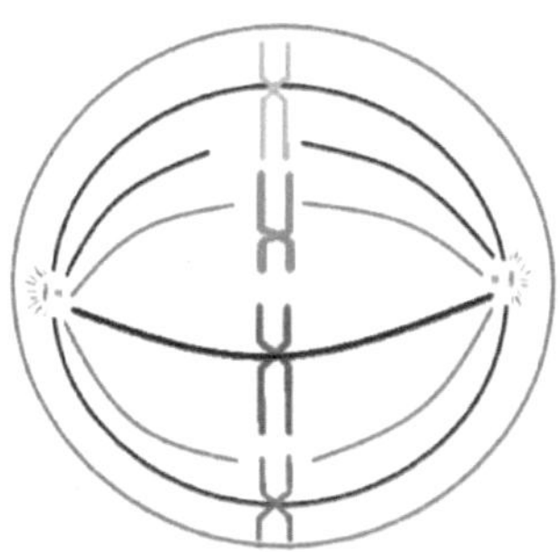

1- Durant aquesta fase de la mitosi, els cromosomes gruixuts i enrotllats s'alineen. De quina fase es tracta?

a) Interfase

b) Profase

c) Metafase

d) Anafase

2- Quin nom rep la unitat bàsica que conté informació que és transmesa de generació en generació?

a) Gen

b) ADN

c) Fenotip

3- Quin nom rep la unitat funcional més petita de l'ADN?

a) Cromosoma

b) Gen

c) Nucli

4- Quins tipus d'éssers vius utilitzen com a font de carboni els compostos orgànics?

a) Autòtrofs

b) Heteròtrofs

5- En quin orgànul es troba el dipòsit d'informació genètica i el control dels processos cel·lulars?

a) Nucli

b) Nuclèol

c) Lisosoma

6- Conjunt de cromosomes d'un individu o una cèl·lula:

a) Genotip

b) Cariotip

c) Fenotip

7- Quina és la reacció general de la fotosíntesi?

a) $6\ CO2 + 6\ H2O \rightarrow C6H12O6 + 6\ O2$

b) $C + O2 \rightarrow CO2$

c) $CH4 + 2O2 \rightarrow 2H2O + CO2$

8- En immunologia, què és la resposta humoral?

a) La immunitat basada en l'acció directa de cèl·lules

b) La immunitat basada en la producció de substàncies per part del sistema immunitari

c) La molècula no reconeguda per l'organisme

9- Quina funció té l'orgànul cel·lular anomenat aparell de Golgi?

a) Síntesi de proteïnes

b) Digestió cel·lular

c) Secreció cel·lular

10- Quin nom rep el conjunt de gens d'una determinada espècie?

a) Fenotip

b) Genotip

c) Genoma

Respostes XII

1- c

2- a

3- b

4- b

5- a

6- b

7- a

8- b

9- c

10- c

XIII

Mitosi Cel·lular

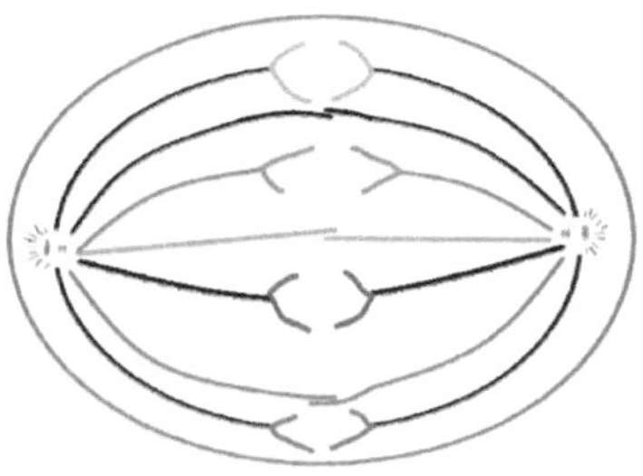

1- Durant aquesta fase de la mitosi, les cromàtides dels cromosomes es van separant i movent cap als pols. De quina fase es tracta?

a) Interfase

b) Profase

c) Metafase

d) Anafase

2- Quines biomolècules orgàniques proporcionen energia per a les funcions vitals?

a) Glúcids

b) Lípids

c) Àcids nucleics

3- Quins són biomolècules orgàniques?

a) Sucres i lípids

b) Proteïnes

c) Àcids nucleics

d) Totes són correctes

4- Quins de les següents molècules catalitzen reaccions químiques?

a) Enzims

b) Lípids

c) Carbohidrats

Mitosi cel·lular

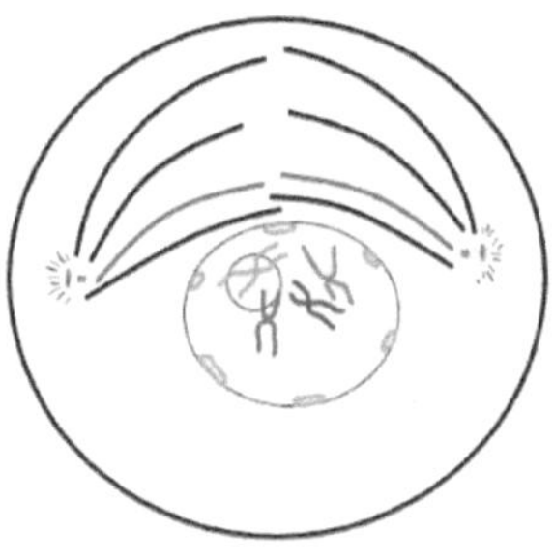

5- Durant aquesta fase de la mitosi els cromosomes es van condensant i la membrana nuclear no es veu. De quina fase es tracta?

a) Interfase

b) Profase

c) Metafase

d) Anafase

6- Quina funció té l'orgànul cel·lular anomenat reticle endoplasmàtic?

a) Síntesi de proteïnes

b) Digestió cel·lular

c) Síntesi de lípids

7- Quina de les següents respostes no es correspon amb el procés del catabolisme?

a) Degrada biomolècules

b) Consumeix energia

c) Les seves rutes són convergents

8- Què significa la paraula grega *lypo*?

a) Grassa

b) Sucre

c) Oli

9- Quina és la funció dels cromosomes?

a) Reproducció cel·lular

b) Condemnació de l'ADN

c) Emmagatzematge de proteïnes

10- Quin àcid es sintetitza en el fetge a partir del colesterol?

a) Àcid úric

b) Àcid biliar

c) Àcid vesicular

Respostes XIII

64

1- d

2- a

3- d

4- a

5- b

6- c

7- b

8- a

9- b

10- b

XIX

Mitosi cel·lular

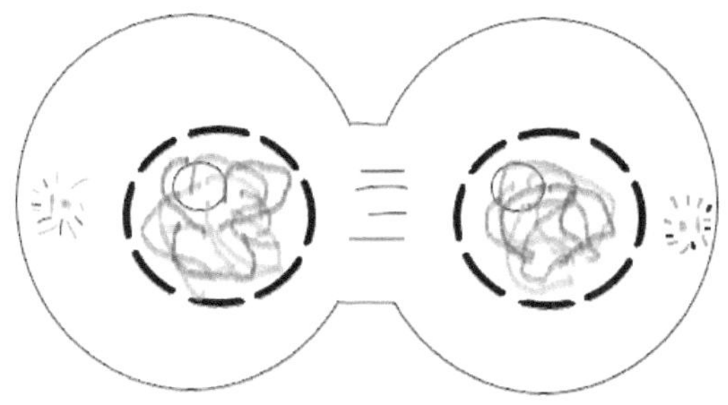

1- En aquesta fase de la mitosi, la divisió en dues cèl·lules filla ha estat completada. De quina fase es tracta?

a) Metafase

b) Anafase

c) Telofase

d) Citoquinesi

2- Quina funció té l'orgànul cel·lular anomenat mitocondri?

a) Respiració cel·lular

b) Formació d'ATP

c) Ambdues són correctes

3- Què és el procés de transcripció?

a) El procés d'emmagatzematge de proteïnes

b) El procés de síntesi de ARN

c) El procés de duplicació d'ADN

4- Com és la isomeria dels monosacàrids?

a) D'ordenació

b) Espacial

c) De compensació

Mitosi cel·lular

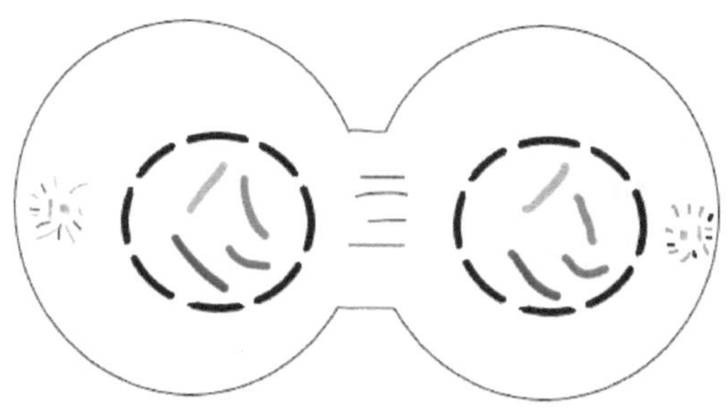

5- Durant aquesta fase, els cromosomes es troben en els pols i cada vegada són més difusos. El citoplasma es divideix i la membrana nuclear torna a formar-se. De quina fase es tracta?

a) Metafase

b) Anafase

c) Telofase

d) Citoquinesi

6- Quin tipus de cèl·lula té forma esfèrica, no té paret cel·lular ni cloroplast?

a) Eucariota vegetal

b) Procariota

c) Eucariota animal

7- Quin tipus de cèl·lula té forma geomètrica, té paret cel·lular i cloroplast?

a) Eucariota vegetal

b) Procariota

c) Eucariota animal

8- Quin tipus de cèl·lula no té nucli ni orgànuls membranosos?

a) Eucariota vegetal

b) Procariota

c) Eucariota animal

9- Quin tipus de cèl·lules caracteritzen al regne dels fongs?

a) Procariotes

b) Eucariota animal

c) Eucariota vegetal

10- Quants parells de cromosomes tenen els éssers humans?

a) 23

b) 50

c) 12

Respostes XIX

1- d

2- c

3- b

4- b

5- c

6- c

7- a

8- b

9- b

10- a

XX

Contesta les preguntes sobre la següent cèl·lula procariota

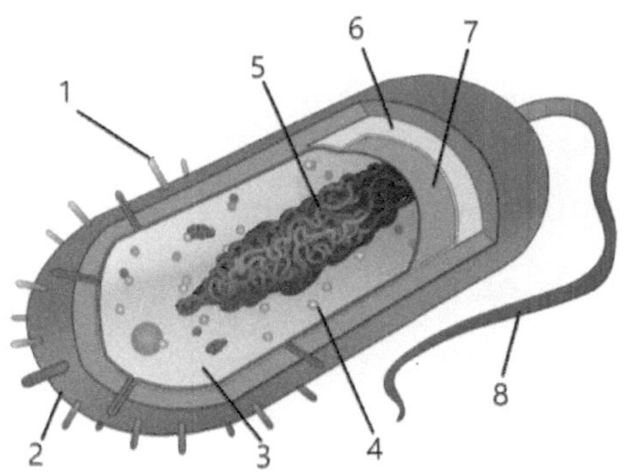

1- La funció dels ribosomes és la síntesi de proteïnes, on es troben?

a) 1

b) 4

c) 5

2- On es troben els pili?

a) 1

b) 4

c) 5

3- On es troba el nucleoide?

a) 3

b) 6

c) 5

4- La membrana plasmàtica aïlla el contingut de la cèl·lula de l'ambient i regula l'entrada i la sortida de materials, on es troba?

a) 6

b) 7

c) 8

5- Els flagels mouen la cèl·lula mitjançant fluids, on es troben?

a) 1

b) 2

c) 8

6- On es troba la paret cel·lular?

a) 3

b) 6

c) 7

7- On es troba el citoplasma?

a) 2

b) 3

c) 4

8- On es troba la càpsula?

a) 2

b) 3

c) 4

9- La fotosíntesi és un procés:

a) Anabòlic

b) Catabòlic

10- Quins lípids formen la base de les membranes plasmàtiques en les cèl·lules?

a) Glicerolípids

b) Glicerofosfolípids

Respostes XX

75

1- b

2- a

3- c

4- b

5- c

6- b

7- b

8- a

9- a

10- b

XXI

1- On podem trobar el polímer agar-agar?

a) En animals

b) En algues marines

c) En bolets

2- Quina és la principal font d'energia de les cèl·lules?

a) Fructosa

b) Galactosa

c) Glucosa

3- Quin tipus d'éssers vius utilitzen com a font de carboni el CO2?

a) Autòtrofs

b) Heteròtrofs

Observa el següent cloroplast i respon a les preguntes

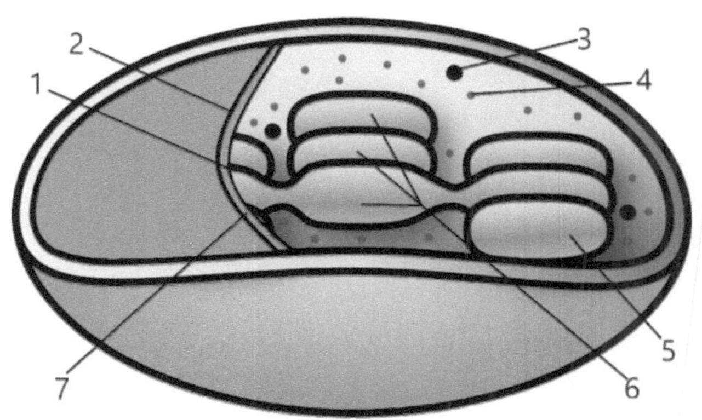

4- On es troba la membrana interna?

a) 1

b) 2

c) 3

d) 7

5- On es troba el plastglòbul?

a) 3

b) 4

c) 5

d) 6

6- On es troba la membrana externa?

a) 1

b) 2

c) 3

d) 7

7- On es troba el plastorribosoma?

a) 3

b) 4

c) 5

d) 6

8- On es troba les granes?

a) 4

b) 5

c) 6

d) 7

9- On es troba el tilacoide?

a) 4

b) 5

c) 6

d) 7

10- On es troba l'espai intermembranal?

a) 4

b) 5

c) 6

d) 7☐

Respostes XXI

1- b

2- c

3- a

4- a

5- a

6- b

7- b

8- c

9- b

10- d

XXII

1- Quin dels següents orgànuls no presenta estructura membranosa?

a) Cloroplast

b) Aparell de Golgi

c) Vacúol

d) Totes tenen estructura membranosa

2- Quina és la biomolècula inorgànica més abundant en els éssers vius?

a) Aigua

b) Carboni

c) Hidrogen

3- Quin és el principal combustible de la cèl·lula?

a) Esteroide

b) Glucosa

c) Aigua

4- Les unitats d'una de les següents biomolècules són ribonucleòtids:

a) ADN

b) ARN

c) Esteroides

5- Quin és el principal constituent de la paret cel·lular dels vegetals?

a) Aigua

b) Glucosa

c) Cel·lulosa

6- La funció d'una de les següents molècules és la de ser enzims:

a) Proteïnes

b) Esteroides

c) Midó

7- Quin de les següents biomolècules són els monòmers de les proteïnes?

a) Aminoàcids

b) Esteroides

c) Glucosa

8- En quins tipus cel·lulars trobem els mitocondris?

a) En cèl·lules eucariotes animals

b) En cèl·lules eucariotes vegetals

c) Ambdues són correctes

9- Què significa SIDA?

a) Síndrome Immune

b) Síndrome d'Immunodeficiència Esgotada

c) Síndrome d'Immunodeficiència Adquirida

10- Com no pot transmetre's el virus VIH?

a) Mitjançant relacions sexuals

b) Mitjançant via sanguínia

c) Mitjançant via parental

d) Totes són correctes

Respostes XXII

85

1- d

2- a

3- b

4- b

5- c

6- a

7- a

8- c

9- c

10- d

XXIII

Observa el següent dibuix sobre els nivells d'organització de les proteïnes i respon a les preguntes:

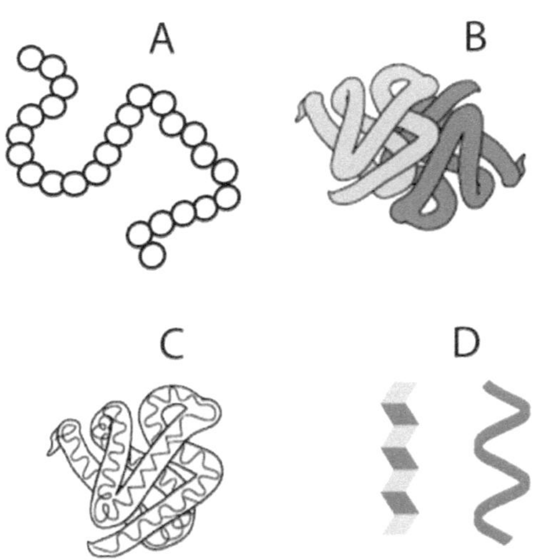

1- Quina de les següents figures correspon a l'estructura primària de les proteïnes?

a) A

b) B

c) C

d) D

2- Quina de les següents figures correspon a l'estructura secundària de les proteïnes?

a) A

b) B

c) C

d) D

3- Quina de les següents figures correspon a l'estructura terciària de les proteïnes?

a) A

b) B

c) C

d) D

4- Quina de les següents figures correspon a l'estructura quaternària de les proteïnes?

a) A

b) B

c) C

d) D

5- Quin tipus de cèl·lules caracteritzen al regne de les plantes?

a) Procariotes

b) Eucariota animal

c) Eucariota vegetal

6- Quin tipus de cèl·lules caracteritzen al regne protist?

a) Ambdues són correctes

b) Eucariota animal

c) Eucariota vegetal

7- Què dos organismes trobem en el regne protist?

a) Protozous i algues

b) Protozous i floridures

c) Algues i llevats

8- Quin científic va proposar unes normes per a donar-li nom i classificar totes les espècies?

a) Charles Darwin

b) Carl Von Linné

c) Louis Pasteur

9- Amb la reproducció asexual l'individu es forma a partir d'un sol progenitor:

a) Veritable

b) Fals

10- Amb la reproducció sexual es forma un individu a partir del material genètic de dos individus progenitors:

a) Veritable

b) Fals

Respostes XXIII

91

1- a

2- d

3- c

4- b

5- c

6- a

7- a

8- b

9- a

10- a

XXIV

1- Quina substància àcida va aïllar el biòleg Johannes Friedrich dels nuclis cel·lulars?

a) Cel·lulosa

b) Cromatina

c) ARN

2- Quin grup de biomolècules inclouen el sucre?

a) Lípids

b) Glúcids

c) Ambdues són correctes

3- Quines cèl·lules podem trobar-nos segons el material genètic?

a) Haploides

b) Diploides

c) Ambdues són correctes

4- Les moneres són cel·lulars i es divideixen arqueobacteries i eubacteries:

a) Veritable

b) Fals

5- Quina és la unitat bàsica dels éssers vius?

a) Les cèl·lules

b) Els òrgans

c) Els teixits

6- Quin nom rep l'orgànul cel·lular encarregat de la respiració cel·lular?

a) Ribosoma

b) Mitocondri

c) Vacúol

7- L'estructura de la membrana cel·lular d'una cèl·lula animal:

a) Té dues capes de proteïnes

b) Té una capa de lípids

c) Ambdues són correctes

8- Quin pigment li dóna el color verd a les plantes?

a) Fotosíntesi

b) Clorofil·la

c) Ambdues són correctes

9- Quina cèl·lula té centríols?

a) Cèl·lula animal

b) Cèl·lula vegetal

c) Ambdues són correctes

10- En quina fase l'ADN es duplica en les seves dues molècules?

a) Fase M

b) Fase G1

c) Fase S

Respostes XXIV

1- b

2- b

3- c

4- b

5- a

6- b

7- c

8- b

9- a

10- c

XXV

1- Quina és la mesura d'una cèl·lula procariota?

a) D'1 a 5 microns

b) De 10 a 50 microns

c) De 100 a 500 microns

2- Quina és la mesura d'una cèl·lula eucariota?

a) D'1 a 5 microns

b) De 10 a 50 microns

c) De 100 a 500 microns

3- Quina cèl·lula té ribosomes?

a) Animal

b) Vegetal

c) Ambdues són correctes

4- És ADN és Bi-cadenari, posseeix dues cadenes:

a) Veritable

b) Fals

5- La cèl·lula animal pot realitzar la fotosíntesi:

a) Veritable

b) Fals

6- La fotosíntesi s'obté a partir de:

a) La llum solar

b) La llum elèctrica

c) Ambdues són correctes

7- Quines són les tres funcions dels éssers vius?

a) Néixer, reproduir-se i morir

b) Nutrició, relacionar-se i reproducció

c) Nutrició, desenvolupament i reproducció

8- Com es diu el procés de síntesi d'RNA a partir de DNA?

a) Transcripció

b) Transformació

c) Mitosi

Observa el següent dibuix d'una molècula relacionada amb el sistema immunitari

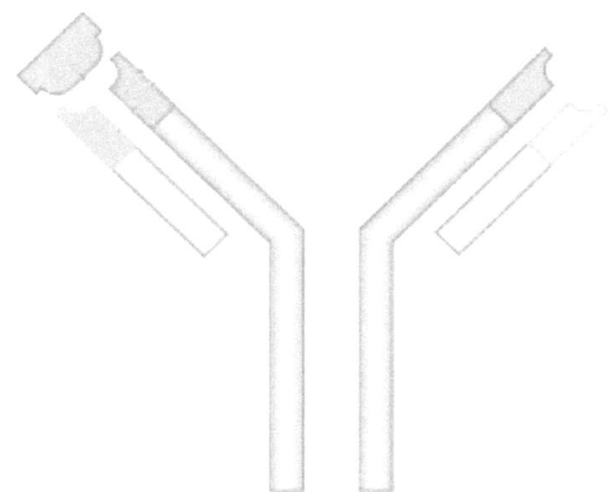

9- Quin tipus de molècula és?

a) Virus bacteriòfag

b) Anticòs

c) Cap és correcta

10- Els éssers vius constitueixen cinc regnes: regne animal, regne vegetal, regno fongs, regne protoctists i regne de la moneres:

a) Veritable

b) Fals

Respostes XXV

1- a

2- b

3- c

4- a

5- b

6- a

7- b

8- a

9- b

10- a

FI